Die Nachtigall

In ihren früheren Büchern hat Anne Höver neben ihren Gedichten auch immer wieder Märchen und Geschichten veröffentlicht. Sie entstammen eigenem Erleben und der Phantasie.

Unter dem Titel „Die Nachtigall" hat sie diese Geschichten hier noch einmal neu erzählt.

Anne Höver hat als Diplompsychologin in freier Praxis u.a. als Telefonseelsorgerin im Kinderschutzbund gearbeitet. Sie ist Mitglied im Laienorden der Franziskaner (OFS).

© 2020 Anne Höver
Herstellung und Verlag: BoD- Books on Demand, Norderstedt
ISBN 978-3-7504-9943-0

Anne Höver

Die Nachtigall

Märchen und Geschichten

Die Nachtigall

Es begab sich in einem fernen Lande, in China, dass der Kaiser zu seiner Krönung eine Nachtigall in einem goldenen Käfig erhielt. Er freute sich sehr über das zauberhafte Geschenk. Sofort am nächsten Tag nahm er sich Zeit, setzte sich vor den Vogelbauer und wartete darauf, dass die Nachtigall zu singen anfing. Aber sie sang nicht. Jeden Tag saß er vor dem goldenen Käfig und beobachtete nachdenklich den kleinen Vogel. Er wartete wochenlang, aber die Nachtigall sang nicht. Er ließ ihr die feinsten Hirsekörner füttern. Als das nichts half, versuchte er, ihr in Honig getränkte Hirsekörner zu geben. Aber sie sang nicht. Letzten Endes ließ er die Weisen des Landes kommen. Sie rieten ihm, in das Trinkwasser Nektar von Blüten zu geben. Er tat es, aber die Nachtigall sang nicht.

Eines Nachts hatte er einen Traum. Er stand vor einem großen Haus und öffnete die Tür. Und siehe da, aus dem Haus brach ein himmlisches Licht hervor, füllte das ganze Haus und flutete durch die Tür ihm entgegen.

Da kam dem Kaiser eine Einsicht. Am nächsten Tag öffnete er die Tür des Vogelkäfigs und mit einem Jubelsang flog die Nachtigall davon.

Im nächsten Frühjahr, als der Kaiser durch die Gärten schritt, hörte er am Abend die Nachtigall im Jasminstrauch singen. Sie nistete dort und zog ihre Jungen groß.

Da befiel ihn der wehmütige Gedanke, dass auch er selbst wie ein Gefangener in der verbotenen Stadt lebte.

Als der Kaiser alt und weißhaarig war, gelangte er zu der Erkenntnis, wenn alle fühlenden Wesen Befreiung erfahren, ist das ganze Land voller Licht und Gesang.

Die Geschichte vom Stein

Es war einmal, vor sehr langer Zeit, als die Menschen noch nicht die Erde bewohnten, ein großer Kieselstein. Der lag auf einer Wiese, inmitten von Blumen, Kräutern und Farnen, ganz nahe am Waldrand. Um ihn herum krochen die Ameisen und Käfer, und ab und zu, da sonnte sich eine kleine Eidechse mitten auf ihm.

Der Stein aber beschäftigte sich nicht mit derartig gewöhnlichen Dingen, - nein - vielmehr trachtete er danach, den Sinn seines Lebens zu ersinnen. Er besah sich selbst, und siehe da, er fand an einer seiner Ecken eine fein durchsichtige Spitze aus Quarz. Wenn die Sonne darauf fiel, dann sammelte sich Licht in dieser Stelle, und sie leuchtete geheimnisvoll.

"Ich bin doch ein ganz besonderer Stein," dachte er bei sich, "alle meine Gedanken führen mich zu der Erkenntnis, dass ich einzigartig bin auf dieser Welt. Denn kein Stein ist genau so wie ich, und in der Natur ist jedes Ding, das geschaffen ist, ein wenig verschieden von allen anderen. Zudem, da ich einzig und unwiederholbar eben ich bin, habe ich diese wunderbare Quarzspitze, in der sich das Sonnenlicht sammelt und spielt. Mein Wesen ist es also, einzig zu sein und im Licht zu leuchten mit eben dieser besonderen Stelle." So dachte der Stein.

Doch eines Tages geschah es, dass ein großes Tier durch den Wald und über die Wiese jagte; und im Lauf begrub es mit seinen Hufen unter sich den Stein in der Erde.

Da wurde es plötzlich finster um ihn her. Er war zu Tode erschrocken. "Wo bin ich? Wer holt mich hier wieder heraus?„ fragte er sich. Und er wartete. Er wartete sehr lange und er wurde traurig, steintraurig. Er dachte an sein Leben auf der Wiese, dachte auf einmal an all die Pflanzen und Tiere, die ihm begegnet waren, und auch an die kleine Eidechse, die sich so oft auf ihm gesonnt hatte. Er spürte nach, wie es gewesen war, als der Abend kam und die Sonne unterging. "Da bin ich noch lange warm geblieben. Die Tiere haben sich auf mich gesetzt und ich habe ihnen die Wärme des Tages noch ein wenig verlängert und sie in die Geborgenheit der Nacht hineingetragen. Dies muss der Sinn meines Wesens sein: die Wärme des Tages zu sammeln und sie der Erde und den Tieren zu schenken, wenn die Nacht kommt. Ach, wie gern täte ich dies jetzt, da ich es erkenne, aber es ist zu spät."

Den Stein befiel eine tiefe Schwermut. Im Laufe der Jahre sank er durch Erdverschie-bungen tiefer und tiefer. Alle seine Gedanken richteten sich auf das Leben, an dem er einst dort oben teilgenommen hatte. Oft wurde er unruhig, wenn er an andere Steine dachte, die jetzt oben lagen. "Hoffentlich erkennen sie ihren Zweck und," so dachte er weiter, "ich fühle jetzt so viel Last auf mir. Ich meine, mein Wesen ist es, das was auf mir liegt, die Erde und die Pflanzen und das Leben oben zu tragen. Hoffentlich erkennen dies auch die, die da oben liegen. Hoffentlich ist keiner so eitel, seine glanzvollste Stelle so ins rechte Licht zu rücken, dass etwa ein Tier über ihn stolpern muss. Werdet flach, ihr Steine, damit ihr den anderen Wesen nicht zu Stolpersteinen werdet."

Die Jahre kamen und gingen. Der Stein rutschte noch tiefer in die Erde hinein. Endlich sah er sich um. Viele andere Steine lagen, wie er, ganz da unten. Und viele lagen über ihm. "Also bin ich nicht allein," erkannte er, "und ich fühle, dass ich, der Stein, wie die anderen auch dem Druck von oben ausgesetzt bin, aber unsere Natur ist es, dass wir fest sind und Halt geben, nicht nur der Erde und den Pflanzen und Tieren, nein, wir tragen auch alle anderen Steine, die über uns liegen, und die vielen schweren Erdschichten halten wir aus. Wir geben dem Boden den Boden, schützen und halten ihn. Unser Wesen ist es, alles zu tragen, was auf uns liegt."

Der Stein fühlte seine Kraft unter der schweren Last und er wurde ruhig.

Er vernahm die Stille, die um ihn war. Allmählich hörte er ganz auf zu denken.

Von fern kamen Schwingungen durch die Schichten der Erde. Sie bebte, sie lebte und bewegte sich. Der Stein lag und schwang im Rhythmus seiner Umgebung, im Rhythmus der Erdschwingungen.

Es vergingen viele, viele Jahre. Der Stein vergaß, dass er ein einzelner Kieselstein gewesen war, dass er so viel über sich nachgedacht hatte und dass er einmal ganz oben gelegen hatte und einen weiten Weg nach unten gewandert war. Er vergaß sich ganz.

Die Menschen hatten begonnen, die Erde zu bewohnen. Eines Tages beschlossen sie, gerade an dieser Stelle zu graben und Steine auszubrechen. Erst kamen Fahrzeuge und trugen die oberen Erd- und Kiesschichten ab, dann kamen Arbeiter mit Hammer und Meißel.

Der Stein wurde gefunden und aufgeschlagen. Durch den unermesslichen Druck hatten sich in ihm Kristalle gebildet, die funkelten, als er auseinanderbrach.

"Schau, ein Edelstein," sagte der Arbeiter, der ihn gefunden hatte, zu seinem Kameraden. „Der muss aber lange da unten gelegen haben." Und er wickelte den Stein vorsichtig in sein Taschentuch ein und steckte ihn in die Hosentasche. Er freute sich über seinen glitzernden Fund und nahm ihn mit, den aufgeschlagenen, zerbrochenen Stein. Ganz unbemerkt hatte sich dieser im Laufe der Jahrtausende verwandelt. Einem Naturgesetz gehorchend - Edelsteine entstehen nur dort, wo großer Druck lange Zeit einwirkt - waren in ihm unten, tief im Herzen der Erde, verborgene Spiegel für Sonne und Licht gewachsen.

Der Drachenfisch

Dieses Märchen ist eine Abwandlung des alten Märchens vom armen Fischer, der einen Fisch fängt, ihn schlachtet und in seinem Inneren eine Perle findet – hier mit verändertem Schluss. Das neue Märchen vom Drachenfisch berichtet von der Belohnung für das Erbarmen mit der Kreatur.

Einst zog ein armer Fischer mit seinem siebenjährigen Sohn ans Meer um zu fischen. Sie hatten den ganzen Tag nichts gefangen. Da, auf einmal, gegen Abend, biss ein Fisch an. Der Fischer zog die Angel heraus und bestaunte mit seinem Sohn einen rotgoldenen Drachenfisch. Weil der Sohn aber Mitleid hatte mit dem Fisch, befreite er ihn von seinem Haken und legte ihn in einen Eimer mit Wasser. Sie trugen den Fang nach Hause. Wieder hatte der Sohn und schließlich auch die Ehefrau des Fischers Mitgefühl mit dem schönen Fisch. Er schwamm einen ganzen Tag lang im Eimer. Am Abend, als die Familie hungrig ins Bett gehen wollte, sah der Junge noch einmal nach seinem Fisch.

Da lag eine riesige Perle im Eimer, die von unschätzbarem Wert war. Der Kleine zeigte seinen Eltern den Fund und sie trugen noch in selbiger Nacht den Drachenfisch ins Meer zurück und ließen ihn frei.

Fortan lebte die Familie, die die Perle bald verkaufen konnte, mit dem Erlös in Wohlstand und Glück.

Der Ritt auf der Schildkröte

Nach einem japanischen Märchen

Eines Morgens zog der jugendliche Li Tao mit seinem Netz zum Fischen ans Meer. Da begegnete ihm am Strand eine riesige Schildkröte. Sie sprach zu ihm: "Steig auf und reite auf mir, du sollst dein Glück machen!"

Li Tao ließ alles zurück, seine Eltern, seine Familie und seine Freunde, stieg auf den Rücken der Schildkröte und ritt mit ihr ins Meer. Sie trug ihn unter Wasser weit hinaus. Er merkte auf einmal, dass er im Meer wie an frischer Luft, atmen konnte.

Er ritt drei Tage und gelangte schließlich ins Perlenland. Dort wohnte eine wunderschöne Fee, in deren Anblick Li Tao sich sofort verliebte und sie sich in ihn. Er kostete die Herrlichkeiten des Perlenpalastes aus, aß von goldenen Tellern die köstlichsten Gerichte, schlief in einem goldenen Bett und ritt mit der Fee auf einem goldenen Drachen. Sie liebten einander und tanzten den ganzen Tag miteinander durch das Perlenland.

Plötzlich jedoch begann Li Tao seine Familie, seine Eltern und seine Freunde zu vermissen und bekam Heimweh. Die Perlenfee fragte ihn, was ihm fehle, da er nun so oft betrübt war. Da erfuhr sie von seinem Kummer.

„Ich möchte noch einmal meine Familie und meine Eltern sehen," sagte Li Tao. Da erschrak die Fee, aber als sie sah, dass er untröstlich war, warnte sie ihn noch einmal und gab ihm dann die Schildkröte für die Rückreise und ein kleines Kästchen, wobei sie ihm gebot, es nur zu öffnen, wenn er in Not sei. Der junge Mann versprach alles so gut wie möglich zu machen und nach bestem Wissen und Gewissen zu handeln. Er verabschiedete sich von der Perlenfee und ritt auf der Schildkröte drei Tage im Meer unter Wasser zurück zum Strand seiner Heimatstadt.

Aber als er angekommen war und die Schildkröte ihn verlassen hatte, wie staunte er da: nichts war wie früher, alles hatte sich verändert. Er ging in die Stadt und fand heraus, dass seine Familie und seine Eltern vor dreihundert Jahren verstorben waren und niemand ihn mehr kannte. Er zog todunglücklich zum Strand ans Meer.

Als er so weinte, erinnerte er sich an das kleine Kästchen, das die Perlenprinzessin ihm mitgegeben hatte, und er zog es heraus.

Er öffnete das Kästchen. Ein goldener Schimmer kam heraus und er sah das ganze Meer in goldenes Licht getaucht, gleichzeitig runzelte sich seine Haut und sein Haar wurde schlohweiß er wurde immer älter und stand gebückt am Strand. Von Sekunde zu Sekunde war er ein Greis geworden und das Altern schritt augenblicklich fort, bis er zu Staub zerfiel.

Laotse

Der Weise Laotse war verfolgt, im eigenen Land. Man ließ ihn für sein Leben und das der Seinen zahlen, nahm ihm alles Geld ab, bis er ein Bettler war.

Laotse war ein Kritiker der Tyrannen und derer, die mit Lüge und Gewalt an die Macht gekommen waren. Da brach er auf aus dem Land, in dem er so wenig galt, und ritt auf seinem Ochsen in ein schöneres Land. An der Grenze wurde er aufgehalten und gefragt, was er für seine Einreise gäbe. Er hatte nichts bei sich. Er hielt nur seine beiden Söhne im Arm. Als Gabe schenkte er dem ganzen Volk des Landes, in das er ziehen wollte, die Glückseligkeit. Der alte weise Laotse war Liebe in Person und so sprach er mit den himmlischen Göttern, die um ihn waren. Da erhandelte er für fast alle Menschen das Dasein im Himmel, bis auf einige wenige, die Menschenschlächter geworden waren und mehrfach gemordet hatten. Diese fielen unter die Wiedergeburt, da sie ein schreckliches Karma angehäuft hatten. Als die Götter sahen, welch großes Herz Laotse hatte, nahmen sie ihn und seine beiden Söhne mit Leib und Seele in den Himmel auf, an der Grenze der Länder mitten in den Bergen.

Kleine Pflaumenblüte und Jasminpfirsich

Kleine Pflaumenblüte und Jasminpfirsich waren ein Geschwisterpaar in China. Der Knabe hieß Jasminpfirsich, das Mädchen kleine Pflaumenblüte. Sie waren Zwillinge. Als sie vierzehn Jahre alt waren, starben ihre Eltern und hinterließen den beiden ein Säckchen mit Goldmünzen. Die Kinder verkauften nun das elterliche Haus und zogen als kleine Helden einer wundersamen Geschichte in die Ferne, um ihr Glück zu machen. Sie nahmen Abschied von Verwandten und Bekannten ihres Dorfes und begaben sich auf die Suche nach dem sagenumwobenen ewigen Leben, wovon sie in ihrer Kindheit gehört hatten, dass es manche Chinesen erreichen.

Der Erlös des Hauses war auf ihrer langen Wanderung bald aufgebraucht. Sie zogen über Berge, durch Täler, durch Bambuswälder und durch Dörfer. Schließlich gelangten sie auf ihrer Reise in eine große Stadt. Da sie hungrig waren, gingen sie auf den Markt, um einige Münzen aus dem verbliebenen Goldsäckchen für ein gutes Mahl zu opfern. Als sie sich gesättigt hatten und durch die Straßen des Marktes schlenderten, fiel Jasminpfirsichs Blick auf einen alten Tisch, der einem Trödler gehörte. Der Mann sah alt und ausgezehrt aus. Da hatte der Knabe Mitleid mit ihm und schenkte dem

Alten einen Apfel. Die Augen des Trödlers leuchteten auf vor Freude über das Geschenk und er winkte die Kinder zu sich und bedeutete ihnen, ihm zu folgen. Hinter dem Tisch hatte er eine Kiste verborgen, die mit Lumpen bedeckt war. Er zog die Tücher beiseite, und zum Vorschein kamen drei herrliche bronzene Götterfiguren, über die die Kinder sehr staunten. Es waren Statuen der Götter Schu, Lu und Fu. Der Händler versicherte den Kindern, wer die Figuren kaufe, werde sicher sein Glück machen. Kleine Pflaumenblüte ließ sich von dem Trödler überzeugen und auch Jasminpfirsich glaubte dem Händler. So kam es, dass die Kinder für die drei Figuren den Rest ihres Goldes hergaben.

Überall, wohin die Kinder nun zogen, nahmen sie die drei Götterstatuen mit sich. Bald merkten die beiden, dass sich die Figuren auf eine seltsame Weise zu bewegen begannen. Um neues Geld zu verdienen, reisten Kleine Pflaumenblüte und Jasminpfirsich in die lieblichen Täler des Li Flusses zu den Kormoranfischern, um dort ihr Glück zu machen. Dort lernten sie das Fischen und verdienten sich so ihren Lebensunterhalt.

Da sie beide ein ganz reines Leben führten, geschah es eines Tages, dass die echten Götter Schu, Lu und Fu sie besuchten und sich entschieden, mit ihnen zu leben. Die Kinder wurden nicht reich, aber als sie alt geworden waren, holten die himmlischen Götter sie zu sich in die Sternenwelt. So hatten die zwei sonnengleichen Helden das ewige Leben gefunden.

Der gütige Gott Lu holte die kleine Pflaumenblüte und den Jasminpfirsich in einem Drachenwagen ab und die Kinder erlebten ihre Himmelfahrt. In der Sternenwelt erwartete sie der gütige Gott Schu, der ja ein Sternengott war, und der freundliche Gott Fu, der ihnen ein langes Leben geschenkt hatte. Fortan waren sie unsterblich und lebten von himmlischen Wolken umgeben auf einem Planeten mit Lu, Fu und Schu.

Der Paradiesvogel

Vor vielen Jahren lebte Noor Inayat Khan auf der Erde. Sie war eine berühmte Sufimeisterin und eine Musikerin, Tochter eines Sufimeisters und Sitarspielers, des berühmten Hazrat Inayat Khan. Es war die Zeit des Dritten Reiches. Sie leistete Widerstand und ging in den Untergrund. Man nannte sie Madeleine der Résistance.

Ein schrecklicher Verrat durch eine Kameradin kostete sie das Leben. Die Nazis kamen und deportierten sie nach Dachau. Dort wurde sie erschossen.

Wird sie noch einmal wiedergeboren und stirbt sie noch einmal, so steht sie als Sternbild des Paradiesvogels am Himmelszelt.

Wie das Sternbild „Drache" entstand

Das kleine Mädchen saß auf den Knien der Morgenröte Usha. Es sah gen Osten hinaus auf einen weiten See. Da kamen drei Schwäne, sie schwammen an einen Bootssteg und kamen an Land. Der zweite Schwan war besonders groß und herrlich anzusehen. Das kleine Mädchen schloss ihn sofort in ihr Herz.

Im Osten sah sie auf einmal eine Landschaft vor ihren Augen auftauchen, Hügel und steinige Berge. Von dort kam ein wilder Reiter und eine Staubwolke erfüllte die Luft. Das Land erzitterte unter den Hufen des Pferdes. Er ritt einen langen Weg durch das Land der Berge, dann weiter durch die Wüste Gobi, immer auf das kleine Mädchen zu. Auf einmal sah das Kind einen riesigen Hügel, der sich in der Mitte öffnete. Er nannte sich Xian. In dem geöffneten Hügel erschien der Kaiser Xin auf seinem Thron.

Die Vision verschwand.

Zwanzig Jahre später gebar das nun erwachsene Mädchen einen herrlichen Sohn, der hatte kein Kindspech und leuchtete vier Tage lang nach der Geburt hell wie die Sonne. Er trug eine feinstoffliche goldene Krone auf dem Kopf, die sichtbar wurde.

Als er erwachsen war und das vierundzwanzigste Lebensjahr vollendet hatte, kamen vom Himmel die Götter Lu, Schu und Fu und krönten ihn als den wiedergeborenen Kaiser Xin von Xian, China.

Sein Vater Lu schenkte ihm einen goldenen Drachen, der trug ihn durch die Lüfte zur verbotenen Stadt in den Kaiserpalast auf den Drachenthron. Dort lebte und regierte er als Kaiser von China. Als er alt war, starb er in Glück und Frieden.

Da geschah ein Wunder. Als sein Körper im Sarg lag, wurde er plötzlich emporgehoben und sein Leib war voller Sterne. Er wurde ins Weltall getragen und steht seither als Sternbild „Drache" am Himmelszelt.

Das Sternenvolk

Märchen für Israel

Als Gott mit Abraham sprach - er hatte seine Engel gesandt, um ihm einen Sohn zu verheißen - weissagte er ihm, seine Nachkommen würden zahlreich werden wie die Sterne am Himmel.

Das jüdische Volk ging durch die Zeit. Viele Wunder geschahen und der Höchste liebte sein Volk. Der Höchste Gott Jahwe, der Weltenschöpfer, der die Sternenwelt geschaffen hat und den Planeten Erde mit den Pflanzen, Tieren und Menschen, dieser Höchste Gott regiert alle Sterne, alle Galaxien.

Gott dachte an sein Volk Israel, das groß geworden war.

Eines Nachts schickte er einen Stern mit einem Schweif. Über einem Stall mit einer Krippe stand dieser still. Dort war der Messias geboren, ein kleines jüdisches Kind, das die Welt erlösen sollte. Er war gekommen, alle an sich zu ziehen und Sünden zu vergeben. Dieses kleine jüdische Kind in der Krippe wurde der große Jesus Christus, durch ihn wurde die größte Weltreligion, das Christentum gegründet.

Als Joshua, der Messias Jesus Christus, von den Toten auferstanden war, blieb er noch kurze Zeit bei Seinen Aposteln und Jüngern. Dann aber holte ihn der Höchste vor aller Augen in den Himmel, er verschwand in den Wolken. Er sitzt seither zur Rechten des Vaters, des Höchsten.

Als Gott Sein Volk Israel ansah, das ihn liebte und zu ihm betete, schenkte er ihm die Sterne des Himmels. Jeder Jude hat am Nachthimmel in den unendlichen Weiten des Weltalls einen Stern. Jahwe blinkt den Seinen in der Nacht mit Seinen Sternen zu. Jeder Jude meint, sein Stern blinkt am Schönsten.

So wandern alle Juden ins Paradies ins Weltall, in die Sternenwelt.

Dies ist Jahwes Volk, das Volk Israel, das Sternenvolk.

Das Sternenorchester

In Auschwitz und in den furchtbaren Konzentrationslagern des Dritten Reiches mussten begabte jüdische Musiker ein Orchester bilden und für ihre Folterer spielen. Ihr Musizieren bewahrte sie vor Zwangsarbeit und Tod. Die anderen Gefangenen wurden auf schreckliche Art ermordet, verhungerten oder landeten in den Gaskammern. Nur wenige überlebten, unter ihnen die Musiker der Lagerorchester. Als ihre Musik erklang, hörte es Gott, er weinte und hatte Mitleid. Alle Juden, Lagermusiker und alle Opfer der Nazimörder nahm er in den Himmel auf. Sie spielen ihre Musik seither in der Sternenwelt auf Sterneninstrumenten im Himmel. Da spielt einer die Geige, ein anderer das Cello, ein anderer die Flöte, wieder ein anderer das Klavier. Die Instrumente sind aus Sternen und noch heute hört man den Klang der Sterne auf der Erde, das sind die Orchester aus den Konzentrationslagern mit ihren Musikern, die im Himmel sind. Man hört sie von fern. Man sagt, sogar Keppler hätte die Sternenmusik gehört. - Jahwe hat Hitler gestürzt, sein Spiel für immer zerstört. Die Mächtigen stürzt Gott vom Thron, die Niedrigen hat er erhöht.

Davids Lied

In einer südlichen, sonnigen Stadt in Israel, inmitten von rosenholzfarbenen Hügeln wurde König David geboren. Der Segen des Herrn war mit ihm und er gelangte zu Reichtum, Ansehen und Erfolg nach einem Sieg über einen Tyrannen, der die heilige Stadt bedroht hatte und große Teile des Volkes umgebracht hatte. Israel dankte dem siegreichen David und er wurde zum König gekrönt. Ganz Jerusalem sang und es erscholl das Lied zu seiner Krönungsfeier: David Melech Israel, David Melech Israel.

David aber war nicht frei von Sünde und hatte einen schweren Frevel begangen. Er hatte heimlich einem Mord zugestimmt.

Er tat Buße, zog sich zurück und fastete, bis der Herr ihm vergab und ihn in seine Arme schloss.

Da ging David hinaus in die Straßen Jerusalems und sang das Lied: Jahwe Melech Israel, Jahwe Melech Israel!

Jahwe ist der König von Israel, Jahwe ist der einzige König von Israel, David ist es nicht mehr. So sang der einstige König David für das Volk und jeder, der Ohren hatte zu hören, hörte es.

Leila und Rosenblatt

In alter Zeit lebte ein wunderschöner jüdischer Jüngling mit Nachnamen Rosenblatt in Palästina. In seiner Nachbarschaft wohnte ein arabisches Mädchen mit schwarzlockigem Haar und lichtweißem Gesicht mit Namen Leila, das schön war wie die Sternennacht. Die Kinder spielten, seitdem sie sprechen konnten, miteinander und liebten sich herzlich. Als das Mädchen zur jungen Frau erblühte, immer schöner wurde und Rosenblatt ins Mannesalter kam, verliebte sich der junge Jude in das arabische Mädchen.

Die Eltern aber litten einander nicht und die Familien gingen sich aus dem Weg. Bald verbot das jüdische Elternpaar dem schönen Jüngling die Angebetete wiederzusehen, bald empörten sich die arabischen Eltern von Leila und gaben die Hand der Jungfrau nicht dem jüdischen Freier.

Die Liebenden trafen sich heimlich und wurden von den zornigen Familien entdeckt. Da verabredete sich das junge Paar.

Die beiden flohen nachts in die Berge um sich die Treue zu halten und miteinander zu leben. Lange verbargen sie sich in den Bergen, liebten sich und küssten sich herzlich. Bald jedoch hatten sie nichts mehr zu essen und zu trinken. Sie starben Arm in Arm den Liebestod.

Die Eltern suchten Rosenblatt und Leila Tag und Nacht. Jahrelang wurde nach den beiden gefahndet, jedoch vergebens.

Nach vielen Jahren erinnerten sich die tanzenden Derwische an die Geschichte des Liebespaares und nannten die Nacht von Donnerstag auf Freitag - ihre mystische Nacht, in der sie sangen und den Wirbelreigen aufführten - Leila. Der Sternenhimmel glänzte über den wirbelnden Derwischen. Mitten in der Nacht zog plötzlich Rosenduft über die tanzenden Liebessänger.

Das Versteck
im Keller hinter dem Schrank

Hazel Weinbergs Familie war jüdisch-christlich. Hazel hatte jüdisches Blut von Vaters Seite her.

Zur Zeit des schrecklichen Dritten Reiches, als der Faschismus in Deutschland regierte und die Juden durch die Shoa verfolgt waren, gelang es Hazels Vater, der in einer kleinen Stadt lebte, bei gütigen christlichen Nachbarn anzuklopfen, um Obdach und Versteck vor der Verfolgung und dem sicheren Tod anzuhalten.

Die freundliche Nachbarsfamilie, Müller hieß sie, war katholisch, der fromme Herr Müller, Postbote seines Zeichens, bot seine Hilfe an. Er ging mit der vollzähligen Familie Weinberg in seinen Keller, der aus zwei Räumen bestand.

Vor die zweite Tür rückte er einen Schrank. Die Familie Weinberg samt Hazel fand dort ihr Versteck.

Der fleißige Herr Müller brachte jeden Tag Brot, Milch und Wasser für die verfolgte Familie in das Versteck. Doch eines Tages klopfte es an der Türe des Wohnhauses Müller, dann erschallten die Schläge von Gewehrkolben.

Die Gestapo durchsuchte das Viertel. Stiefelschritte erschallten im Kellergewölbe.

Hazel, Herrn Weinberg und der gütigen Mama von Hazel blieb das Herz stehen. „Was ist in dem Schrank? Aufmachen!" ertönte eine rauhe Stimme. Artig öffnete Herr Müller, der am ganzen Leib zitterte, die Schranktüren des Kellerschrankes. „Nichts ist hier drin, außer ein paar alten Bilderrahmen" flüsterte er heiser.

„Na denn man tau, da haben Sie ja Glück gehabt, dass sie keine Juden verstecken!" wetterte der Gestapo-Mann. Er verabschiedete sich mit dem verhassten Hitler-Gruß. Hazel, Papa Weinberg und Mama Weinberg weinten im hinteren Keller vor Erleichterung.

So manche Bombennacht durchlebten sie im sicheren Versteck. Dann kamen die Amerikaner und mit ihnen der Untergang des dritten Reiches und die Befreiung.

Die Friedensglocken läuteten. Hazel Weinberg hat die schreckliche Nacht im Versteck hinter dem Schrank nie vergessen.

Der Hebel des Pythagoras

Eines Tages reiste die kleine Hazel Weinberg in ihren Ferien nach Griechenland auf die Insel Samos. Sie fand eine Bleibe in einem kleinen Hotel am Strand. Es wurde Abend, ein wunderbarer Sternenhimmel schien über dem Eiland.

Hazel lag in ihrem Hotelzimmer in ihrem Bett und blickte in den nächtlichen Himmel. Da sah sie am Himmelszelt in der Ferne eine weiße Gestalt auf einem Thron sitzen. Die Gestalt nickte ihr zu und sagte mit milder Stimme: „Ich bin Pythagoras, ich halte die Welt in Harmonie, ich sorge für die Harmonie und die Geschwindigkeit der Schwingungen." „Wieso hältst du die Welt in Harmonie der Schwingungen," fragte erstaunt Hazel. „Komm her", antwortete der Weise und zeigte ihr neben seinem Thron einen Hebel. „Wenn du diesen Hebel verstellst, dann bewegt sich die Welt anders als bisher. Der Hebel verstellt die Geschwindigkeit der Schwingungen, das heißt, alles hat seinen Rhythmus, alles ist in Bewegung und schwingt. Wenn man ihn nun schneller einstellt, gerät alles in schnellere Schwingung." „Dann stell ihn doch ein bisschen schneller ein," schlug Hazel vor. „Nun gut, probieren wir es einfach aus," antwortete der Philosoph und stellte den Hebel ein gutes Stück weiter nach vorn.

Auf einmal begann auf der Erde alles zu wanken und zu schwanken. Die Inseln der Ägäis schwammen aufeinander zu, die afrikanische Küste bewegte sich im Eiltempo auf Europa zu und stieß fast an Sizilien. Der Erdboden wankte auf und nieder, man fühlte, wie die Lava im Inneren der Erde nach oben drückte.

„Ich nehme jetzt erst mal ein Bad," sagte Pythagoras und verließ seinen Thron. Er gönnte sich eine kleine Pause und stieg in eine Badewanne, die mitten im Weltall stand, stellte eine Brause an, die über der Badewanne befestigt war und nahm er ein gemütliches warmes Bad. Nachdem er sich einige Minuten erfrischt hatte, stieg er aus der Wanne, trocknete sich ab und setzte sich wieder auf seinen Thron. „Willst du auch mal," fragte er Hazel."Gern," antwortete sie , eilte ins Weltall und stieg in die Badewanne. Sie nahm die Brause, setzte sich und begann zu duschen. „Baden und Duschen sind meine Lieblingsbeschäftigungen in meiner Freizeit," erzählte Pythagoras. „Mir macht's auch Spaß," antwortete Hazel.

„Jetzt müssen wir den Hebel wieder zurückstellen," sprach der erleuchtete Weise, „auf der Erde gibt es sonst Erdbeben, Tsunamis und Vulkanausbrüche, und die Inseln des Mittelmeeres stoßen aneinander." Mit einem Ruck stellte er den Hebel zurück.

Es wurde ruhig auf der Erde. Alles bewegte sich wieder so wie vorher. Das Meer plätscherte leise um die Insel Samos, die Inseln waren wieder an ihrer alten Stelle und Afrika hatte seinen ursprünglichen Abstand zu Europa und zu Sizilien.

„Jetzt ist alles wieder in Harmonie und die Schwingungen sind im gleichschnellen Rhythmus wie früher," stellte Pythagoras fest.

Da sah er, dass Hazel in seiner Badewanne eingeschlafen war.

Am nächsten Morgen wachte Hazel in ihrem Bett auf. Sie sah aus dem Fenster, da sah sie in der Ferne ein Licht aufblinken wie von einem Leuchtturm mitten im Azurhimmel.

„Kalimera, Pythagoras" rief Hazel und winkte dem blinkenden Licht zu. Sie erinnerte sich an ihre Erlebnisse in der vergangenen Nacht:

Die ganze Natur dieser Erde schwingt in Rhythmen vollkommener Harmonie.

Der Lotosverkäufer

Hazel Weinberg war im Frühjahr nach Ceylon gereist. Sie wohnte in einem vornehmen Hotel und hatte sich zwei Wochen Auszeit gegönnt. Es war eines dieser typischen Strandhotels, einige Kilometer von Colombo entfernt, an der Westküste. Hazel lag einige Tage am Strand in der Sonne und da ihr die Zeit lang wurde, beschloss sie zu Fuß in die Stadt zu gehen. Sie machte sich auf den Weg, vom Hotel führte ein Pfad zur Hauptstraße, von da aus ging sie mehrere Kilometer vorbei an einer Dagoba, immer auf die Hauptstadt zu.

Sie kam an einem Verkaufswagen vorbei, an dem eine ceylonesische Familie Räucherstäbchen und kleinere Spezereien feilbot. Neben dem Wagen stand ein etwa zwölfjähriger Junge, ein Seerosenverkäufer, die Hände voller herrlicher , blauer Lotosblumen. Hazel kaufte ihm einen Lotos ab. Da sprach er sie an und fragte ob er ihr etwas zeigen dürfe. Sie willigte ein, und weil sie sah, dass es seine Eltern waren, die Räucherstäbchen verkauften, nahm sie für ein paar Rupien ein Päckchen der Räucherstäbchen mit.

Kevin, so hieß der Junge, wurde von zwei weiteren Geschwistern auf der gemeinsamen Tour begleitet. Kevin zeigte der Lady

– so nannte er Hazel - seine Lieblingsstelle am Fluss, dort wo kleine Kinder spielten. Dann gingen sie gemeinsam zu einer Dagoba. Dort brachte Hazel Buddha den blauen Lotos dar und Kevin entzündete einige von den mitgebrachten Räucherstäbchen, Hazel tat es ihm gleich. Lange blieben sie im Vorhof der Dagoba, dort stand eine weiße Buddhastatue.

Auf dem Rückweg zum Hotel begleitete Kevin mit seinen Geschwistern die Lady und sie kauften für Hazel und für sich selbst eine Eiskrem. Gerührt von soviel Großzügigkeit der Armen nahm Hazel die Kinder mit zum Hoteleingang ihres Luxushotels. Plötzlich trat der Hotelportier ihnen entgegen und erklärte, dass für ceylonesische Straßenkinder in diesem Hotel kein Zutritt erlaubt wäre. Hazel regte sich sehr auf und war empört, dass den Dienern Buddhas nicht einmal erlaubt sei, das Hotel zu betreten. Sie eilte zur Direktion , sie wollte den Zutritt für die Kinder auf jeden Fall ermöglichen. Der Direktor machte ein bedenkliches Gesicht. Er erklärte ihr, dass es nicht möglich sei, ceylonesische Kinder in sein Strandhotel hineinzulassen.

Hazel griff zu einer Überzeugungswaffe und behauptete, eines der Kinder habe eine sehr hohe Inkarnation. Daraufhin erlaubte der Direktor – nun doch beschwichtigt –

den Zutritt für Kevin ins Hotel. Hazel bestellte einen großen Eisbecher für Kevin und sich selbst. So aßen sie gemeinsam im Hotelcafe Eis. Die Geschwister von Kevin mussten leider draußen warten. Kevin war die Ausnahme. Der kleine Kevin, der Buddha von seinen wenigen Rupien Räucherstäbchen geopfert hatte, bekam später einen besonderen Platz. Er wurde ein Buddha und fand sich wieder im Sternbild der Plejaden.

Der Schwan

Der gütige Vater Jahwe hatte Hazel Weinberg lang Jahre geliebt. Er hatte ihr viele Geschenke gemacht und Hazel liebte ihn mehr als es sich jeder Mensch vorstellen konnte. In abendlichen Stunden sprach sie mit ihm. Da nickten ihr die Sterne zu und Jahwe gab ihr Antwort.

Eines Abends vermehrte er für sie den Inhalt einer Getränkedose, sie trank viel davon, doch der Inhalt wurde den ganzen Abend nicht leer.

Sie war arm und ab und zu lagen auf ihrem Wohnzimmerboden Geldstücke und sie kaufte Brot davon.

Eines Tages hielt sie wie aus der Luft gezaubert zwei Geldscheine in der Hand. Überglücklich dankte sie dem Vater im Himmel.

Sie erzählte ihm einen Wunsch, den sie schon lange hegte. Sie wünschte sich, wenn sie sterben würde, im Sternbild des Schwans zu stehen, im Weltall mitten in der Sternenwelt, und für ihren Jahwe zu singen bis in alle Ewigkeit.

Das Wunder
vom süßen Brei

Als Hazel Weinberg eines Tages im Sommer eine Reise antrat, beschloss sie, nach Ephesus zu pilgern, zum Haus der Muttergottes Maria. Sie kaufte sich am Flughafen am Schalter ein Ticket und flog mit dem Flugzeug nach Istanbul. Dort erkundigte sie sich nach den Reisemöglichkeiten nach Ephesus.

Es fuhr ein Bus in diese Richtung. Sie fand in Ephesus eine billige Herberge für Bett und Frühstück. Dann nahm sie ein Taxi zur Kapelle der Muttergottes.

Dort angekommen kniete sie nieder und betete eine Weile. Sie kam auf die Idee, der Muttergottes Maria ihren Schmuck zu schenken, sie legte ihren Goldschmuck und einige Edelsteine zu Füßen der Muttergottesstatue. Daraufhin hörte sie eine feine Stimme, die sprach aus der Marienstatue, die dort aufgestellt war: „Diene mir! Ich wünsche mir einen Rosenhügel vor meinem Haus," sagte die Muttergottes. Hazel entschied sich sofort, der Muttergottes ihr ganzes Leben lang zu dienen.

Auf der Rückfahrt im Taxi sagte sie dem Chauffeur, er solle dem Bürgermeister von Ephesus sagen, am Haus der Maria Muttergottes solle auf Wunsch der Muttergottes ein Rosenhügel angepflanzt werden. Ob es gehört und erhört worden ist, vermag Hazel nicht zu sagen.

Heimgereist und wieder in ihrer Wohnung dachte sie oft an das Erlebnis, bis es eines Nachmittags, ohne dass jemand etwas gekocht hatte, in der ganzen Wohnung nach süßem Grießbrei duftete. Hazel sah dabei das Bild von der Muttergottes Maria vor Augen. Es duftete fast eine Woche lang nach herrlich süßem Brei im ganzen Haus. Der Duft war so köstlich, dass sogar tagelang das Treppenhaus duftete.

Dies war ein Geschenk der gütigen Muttergottes Maria aus Ephesus.

Antal

Hazel Weinberg verreiste. Sie hatte sich auf den Weg gemacht zu einem Suficamp auf dem Sommet Bouchee, das ist ein Berg in der Haut Zone, den Französischen Alpen, er heißt Sommet Bouchee, zu deutsch: brennender Dornbusch.

Als Hazel angekommen war, lernte sie den Sufimeister Pir Inayat Khan kennen, sie nahm an den morgendlichen und mittäglichen Meditationen teil. Sie wohnte mit einer Gefährtin in einem kleinen Zweimannzelt. Gegenüber stand ein blütenweißes Zelt. Sie sah, dass ein alter bärtiger Maler darin wohnte. Er malte auf dem Berg in der freien Natur Bilder.

Eines Nachmittags sprach er sie an, er fragte: „Hast du dich schon bei Pir einweihen lassen?" Sie antwortete, dass sie das noch nicht getan habe.

„Dann hör mir zu," sprach er, „Eli steht vor dir, Dein Vater ist im Himmel," sagte er. Er wies auf seine Augen, da sah sie zwei leuchtende Sonnen.

Sie blickte genauer hin und sah die Sonnen zweieinhalb Mal in seinen Augen aufleuchten. Er zeigte ihr in der Vorstellung zwei fotogetreue Bilder aus ihrem Leben, das trat später genauso ein, wie sie es auf den Bildern vorher gesehen hatte. Dann eröffnete er ihr die Zukunft und weissagte ihr. Alles was er sagte, ist später eingetroffen. Er sagte ihr, er lebe und arbeite in einer verfallenen Kirche und er wolle diese Kirche wieder aufbauen. Er habe die Schlüssel zu der Kirche. Am Schluss fragte er Hazel: „Könnte ich dein Vater sein?" Sie sagte „Ja" und er nahm sie in den Arm.

Am Abend war eine Veranstaltung im Sufizelt und Antal war zugegen. Hazel traf ihn dort. Sie standen nebeneinander und sahen sich an. Auf einmal war Antal wie vom Erdboden verschwunden. Hatte er sich in Luft aufgelöst? Hazel konnte ihn im ganzen Zelt nicht mehr finden.

Am nächsten Tag war Antals blütenweißes Zelt mit ihm verschwunden. Im ganzen Camp war keine Spur mehr von ihm zu sehen, nur im Ausstellungszelt hatte er einige seiner gemalten Bilder hinterlassen.

Hazel suchte ihn vergeblich auf dem Berg. Er war und blieb verschwunden.

Immer dachte sie an ihn und hatte später unendliches Heimweh nach ihm.

Sie dachte daran, dass er seine verfallene Kirche wieder aufbauen wollte und sie wollte ihm dabei helfen.

Der Pfirsichbaum

Es war einmal ein herrlicher Pfirsichbaum, er war riesengroß von Gott geschaffen und stand mitten im Paradies, seine Früchte leuchteten und dufteten weithin. Wenn der Wind in seinen Blättern spielte, seufzte der Baum und war glücklich.

In seiner Nachbarschaft stand auch ein großer Apfelbaum. Von ihm zu essen hatte Gott verboten. Eines Tages geschah es. Mitten ins Paradies hatte sich die Schlange eingeschlichen und mit ihr Tod und Verfall. Als Eva sie entdeckte, zischelte die falsche Schlange: „Nimm und iss von den Äpfeln und ihr werdet sein wie Gott." Eva überlegte kurz und kam dann zu dem Entschluss, von den verbotenen Äpfeln zu kosten.Sie gab Adam davon und auch er aß. Da blies ein Wind durch den Garten Eden und Gott erschien. „Was habt ihr getan?" fragte er. „Wir aßen von Deinen Äpfeln", sagte Adam, „das Weib gab mir davon". „Die Schlange verführte mich", sagte Eva. „So sollt ihr denn fortan nicht mehr im Garten des Paradieses leben", sprach Gott. „Ihr sollt sterblich werden und durch eurer Hände Arbeit leben, dich aber, Schlange, verurteile ich, dein Leben lang auf dem Bauch zu kriechen." Adam und Eva zogen traurig aus dem Paradies aus.

Der herrliche Pfirsichbaum aber dachte: „Wenn sie doch nur von meinen Früchten gegessen hätten, denn diese Pfirsiche hätte Gott ihnen erlaubt zu pflücken." Der Pfirsichbaum stand lange Jahre einsam und allein auf seinem Platz. Er wurde alt, baumalt, und brach zusammen. Nach vielen weiteren Jahren kam eine Wanderdüne und begrub ihn unter Ihrem Sand. Er schluchzte leise und nahm sein Schicksal an. Nun war er ein begrabener Baum, aber es ging noch weiter hinab. Es kamen Erdverschiebungen und der Baum wanderte tiefer und tiefer ins Erdinnere. Da wurde der ehemals so lichte Pfirsichbaum melancholisch: „Welch sonniges Leben habe ich doch oben auf der Erde geführt", erinnerte er sich sehnsüchtig. Er wurde älter und älter; schließlich wurde er zu Kohlenstoff gepresst; er war nun total verändert. Er war tieftraurig und hörte eines Tages seine Nachbarn, die Kiesel, miteinander sprechen. Er lauschte ihnen Jahrhunderte, wie sie scherzten und sich Geschichten erzählten. Eines Tages erhielt er durch die Gnade Gottes Gehör für die ganze Erde und so wusste er immer, was sich dort oben zutrug.

Nach Jahrmillionen kam eines Tages eine Bergarbeiterkolonne und trug das Erdreich ab. Sie entdeckte ihn: er war zu einem durchsichtigen Kristall versteinert.

„Da ist ein Diamant," riefen sie sich zu und gruben ihn aus. Er kam in eine Schleiferei. Am Schluss funkelte er in allen Farben und war ein schöner Brillant geworden.

Das Rosenmädchen

Es war einmal ein liebliches kleines Mädchen mit langen braunen Haaren und braunen Augen wie Samt. Das Kind liebte die Rosen im Garten über alles. Im Sommer ging es zu den Beeten und strich sanft mit der Hand über die seidigen Rosenköpfe, erfreute sich an deren Duft und war entzückt. Es sah, wie immer wieder große Engel mit rosenfarbenen Gewändern voller goldener Sterne bestickt in den Rosengärten auf und ab gingen. Ja, es konnte sich gar nicht satt sehen an der juwelfarbenen Pracht. Eines Tages dachte es bei sich: "Ich will doch dem Geheimnis der wilden Rosen und der Herkunft der himmlischen Boten auf die Spur kommen." So machte es sich auf den Weg und zog in den Wald.

Es lief viele Tage lang durch den dunklen Wald bis es an eine Lichtung kam. Dort stand eine Burg, ganz von blühenden roten Rosen eingewachsen. Scheu klopfte das Kind an die Tür. Da stand plötzlich ein wunderschöner Prinz vor ihm und lud es ein, zu ihm in die Burg zu kommen. Dort war es gar herrlich. Die Wände waren aus Gold, mit Edelsteinen geschmückt und kleinen Nischen, in denen Engel standen mit brillantbesetzen Gewändern. Das Mädchen staunte und war über alle Maßen glücklich. Nun zeigte der Prinz ihr das Herz der Burg. Dort stand ein goldener runder Tisch, der war über und über mit Edelsteinen, Rubinen, Saphiren, Diamanten und Smaragden besetzt. Wer auf die Fläche des Tisches sah, konnte sehen, was in der Zukunft geschah. In der Mitte auf dem Tisch stand der heilige Gral, mit dem Jesus beim letzten Abendmahl die Jünger gespeist hatte.

„Dieser Gral spendet Segen," sprach der Prinz. „Der Gral speist und tränkt alle, die sich um ihn versammeln." Das kleine Mädchen blieb bei dem Prinzen und als es älter war, heirateten sie. Sie lebten fortan glücklich mit dem Gral im Rosenpalast.

Dies ist ein symbolisches Märchen, alles, so sollte der geneigte Leser wissen, findet im eigenen inneren Herzen statt.

Die Geschichte vom Lotos

Es war einmal ein Mädchen in der Blüte seiner Jugend. Dieses machte sich auf, den Sinn ihres Lebens zu suchen. Auf ihrem Weg, bei einer Reise in den Orient, lernte sie die buddhistische Tradition und ihre Mantren kennen: Aum mani padme hum, das heißt: das Kleinod ist in der Lotosblüte.

Lange dachte das Mädchen über den Sinn dieses Mantras nach und versuchte, hinter die geheime Bedeutung der Worte zu kommen. Sie entschloss sich zu üben. Viele Jahre lang saß sie im Lotossitz auf dem Boden und sagte im Geiste die Mantren auf.

Endlich, während einer Reise auf eine traumhaft schöne Insel, traf sie Buddha. Er sprach zu ihr.

Er stand im Himmel vor der Krippe von Bethlehem direkt beim Jesuskind. Dann sprach er vom Schöpfergott Jahwe. Da erkannte das Mädchen wieder seine eigene Religion, das Christentum. Eines Tages träumte es einen wunderschönen Traum: Jesus Christus nannte sich Joshua und erzählte von seinem Vater, den er Abba nannte. Das Mädchen erwachte und wusste seitdem, dass Christus in ihr wohnte und auch sein Vater Abba.

Eines Nachts stand sie am Fenster und sah die Sterne: und siehe, die Sterne traten aus den fernsten Weiten des Weltalls zusammen und bildeten einen riesigen Kreis von Rosen, so dass jede Rose aus vielen, vielen Sternen geformt war.

Dies ist für dich, sprach eine Stimme in ihr. Sie sah, dass der gütige Vater im Himmel, der Abba, der Gott Jahwe, ihr einen Blumenstrauß aus Sternen geschenkt hatte.

Und siehe, in ihrem Inneren öffnete sich über ihrem Stirnauge eine Lotosblüte und über ihrem Scheitel eine weitere Lotosblüte.

So hatte der gütige Vater im Himmel ihr das Geheimnis des Lotos geschenkt. Denn es ist der Lotos im Inneren, der von Gott geöffnet wird.

Die Prinzessin
mit dem gläsernen Herzen

Einst wurde dem König Malik von Arabien
eine wunderschöne Tochter geboren. Sie
war schön wie der Morgentau, ihr Wuchs
glich einer Zypresse, ihre Lippen waren ro-
sengleich, ihre Wangen wie Alabaster und
ihre Augen zwei Sterne. Als sie heran-
wuchs, da entdeckte sie, dass sie eine be-
sondere Gabe hatte. Da jedes Ding dieser
Erde anders geschaffen ist und der Beson-
derheiten viele sind, so trug es sich zu, dass
die Prinzessin Peribanu ein gläsernes Herz
hatte, das in ihrem Inneren auf wundersame
Weise erklang. Oft, wenn sie alleine war,
hörte sie still und versonnen der Melodie
ihres Herzens zu und sein silbergläserner
Klang war ihre ganze Freude. Eines Tages
nun, als die Königstochter Peribanu vier-
zehn Jahre alt war, begab es sich, dass sie
am Fenster ihres Palastes stand und in die
Ferne sah. Da zog am Palast ein weiß gek-
leideter Reiter vorbei, herrlich anzuschauen.
Sein Haar war schwarz gelockt, seine Ge-
stalt edel, seine Wangen wie Pfirsiche zart.
In ihrer Sehnsucht, ihn zu schauen, lehnte
sich die Prinzessin weit aus dem Fenster.
Da tat es plötzlich ein lautes „Kling" und
das gläserne Herz war zersprungen. Tief er-
schrak Peribanu und in ihrer Scham ob

ihres gebrochenen Herzens verließ sie das Schloss und floh in den Wald. In der Mitte des Waldes an einer Quelle fand sie Ruhe und verbarg sich seither vor den Menschen

In den ersten Tagen weinte sie von Herzen über ihr Schicksal, doch siehe, bald kamen die Tauben des Waldes zu ihr, scharten sich um sie und ihr Herz wurde weit. Bald hörte sie dem Wind zu, bald den Gräsern, bald den wundersamen Liedern der Vögel.

Eines Nachts kamen vom Himmel der große und der kleine Bär und setzten sich zu ihr. Es blinkten die Sterne und summten ihr Lied. Der Prinzessin Herz lief über vor Liebe. Bald begann sie die ganze Sternenwelt zu lieben, dann alle Menschen, alle Tiere, alle Blumen und Bäume und das ganze Weltall. Da kamen die Engel des Himmels zu ihr und sie hörte das ewige Singen der himmlischen Chöre. Lange saß sie schweigend da und hörte zu und sah all diese Geheimnisse.

Eines Tages kam ein weißer Reiter, fand sie und führte sie heim und wurde ihr Prinz und sie seine Gemahlin.

Sie lebten lange Zeit glücklich, bis der ewige Gott in Himmel sie zu sich nahm.

Wie die Alpenseen entstanden

Als vor langer, langer Zeit Gott der Herr nach Bayern kam, besuchte er auch die Alpen, und da er von seiner weiten Wanderung durch das Weltall und durch die Erdteile müde war, wünschte er sich ein schönes, warmes, blaues Meer zur Erfrischung. Er verlieh den vielen Bergen der Alpenkette Flügel und sie flogen ins All auf einen fernen Planeten. Er setzte sich zur Rast an das blaue Meer, das er anstelle der Alpen geschaffen hatte und nahm ein ausgiebiges Bad. Die Menschen aber vermissten ihre Berge und weinten, sie wünschten sich ihre schneebedeckten Gipfel, mit den Gämsen, Steinböcken, Murmeltieren, Rehen, Hirschen, den Alpenrosen, dem Enzian und dem Edelweiß zurück. Gott der Herr hatte Mitleid mit den Menschen. Nachdem er sich ausgeruht und erfrischt hatte, befahl Gott den Bergen, wieder an ihre alte Stelle zurückzukehren. Das Meer aber verwandelte er in die Alpenseen: den Königsee, den Chiemsee, den Tegernsee, den Schliersee, den Kochel- und den Staffelsee, den Starnberger See und den Ammersee, auf der anderen Seite der Alpen den Gardasee und den Lago Maggiore. So entstanden die Seen diesseits und jenseits der Alpen.

Der Nussbaum

Der Alte saß am Fenster und schaute in seinen Garten. Es war ein Bauerngarten mit vielen Rosensträuchern und gelb blühenden Sonnenblumen. Das Wetter war schwül. Nun zogen Sturmwolken auf. Ein Wind blies heftig und der Alte schloss das Fenster. Seine Frau brachte ihm ein Stück Streuselkuchen und den Nachmittagskaffee. Er schob ihr wortlos den Kuchen zu: das Beste für seine Frau. Dann schaute er wieder zum Fenster.

Draußen spielte das Kind. Es saß auf einer Schaukel, die am mächtigen Ast eines Nussbaumes hing. Diesen Nussbaum hatte der Alte vor Jahren gepflanzt, als er und seine Frau noch jung waren. „Wenn wir ein Enkelkind haben, dann kann es im Herbst Nüsse sammeln," hatte er gesagt

Der Sturm blies mächtig und plötzlich flogen die Fensterläden des Hauses. Es krachte, donnerte und Regen fiel. Da, ein Blitz strahlte auf und der Garten war hell erleuchtet. Dann folgte der Donner Schlag auf Schlag. Der Alte dachte nur noch an das Kind, das immer noch auf der Schaukel im Nussbaum saß, sprang auf und eilte hinaus in den Garten. Sein schwerer Körper flog zu dem Kind. Er packte es und trug es hinein in die trockene Stube. Da krachte es erderschütternd und der Nussbaum wurde vom Blitz gespalten, sank in zwei Hälften ächzend zu Boden und ging in Flammen auf.

Drinnen in der warmen Stube streichelte der Alte zärtlich sein Enkelkind und betete ein Vaterunser.

Jasmin, Oleander und Rosenblüte

Oleander und Jasmin waren zwei olivhäutige südländische Kinder. Sie lebten mit ihrer gütigen Mama Rosenblüte in einer kleinen Wohnung.

Eines Tages klopfte es an der Tür und draußen stand ein alter Bettler. Oleander, Jasmin und Rosenblüte baten ihn herein, und bewirteten ihn. Sie hatten Mitleid mit ihm und wollten ihm ein Geschenk machen. So gaben sie ihm einige Goldstücke, die sie erspart hatten.

Nachdem der Bettler gegessen und die Gaben angenommen hatte, löste er sich vor ihren Augen in Luft auf. Zurück blieb ein herrlicher Rosenduft, von dem das ganze Haus erfüllt wurde.

In der darauf folgenden Nacht träumten Rosenblüte, Oleander und Jasmin, dass der Herr ihnen erschien und dass er sie zu sich in das Paradies holte. Alle drei hatten denselben Traum. Sie standen in einem herrlichen Garten voller leuchtender Obstbäume, darin waren Blumen und Licht, Pfirsichbäume und Birnbäume. Blaugrün schillernde Pfauen schritten umher. Der ganze Garten war voller Rosensträucher und Duft. Überall war es angenehm warm und mild. Weiße Löwen kamen auf sie zu und umschmeichelten die Ankömmlinge. Ein zarter milder Hauch erfüllte den überirdischen Paradiesgarten. Engel standen an den Bäumen und spielten auf der Harfe. Oleander, Jasmin und Rosenblüte wünschten sich, nie wieder diesen schönen Paradiesgarten zu verlassen.

Am nächsten Tag war das Haus von Oleander, Jasmin und Rosenblüte verschwunden, mitten in der alten Stadt standen an seiner Stelle lichte helle, sonnendurchflutete Bäume. In dieser Nacht hatte der Herr Oleander, Jasmin und Rosenblüte für immer zu sich ins Paradies getragen. Kein Sterblicher hat sie je wieder gesehen.

Wie der Leierkastenmann in den Himmel kam

Herr Josef hatte einen hölzernen Leierkasten, den an der Vorderseite handgemalte blaue und rote Vögel und Blumen schmückten. Herr Josef verbarg im Innern seines Instrumentes seinen Schatz von hundert papierenen Walzen mit der allerschönsten Musik.: „La Paloma", „O Sole Mio", aber auch „Weißt du, wieviel Sternlein stehen". Herr Josef hatte seinen Stammplatz. Er spielte am Kröpcke, das ist eine grüne Standuhr inmitten der Fußgängerzone der großen Stadt Hannover.

Er stellte seinen schwarzen seidenen Zylinder auf und drehte jeden Tag die Drehorgel im schönsten Rhythmus. Die Musik erklang und die Menschen freuten sich über den altmodischen Herrn Josef. Sein Nachbar war ein Stadtstreicher, der jeden, der vorbei kam, um einen Euro bat. Wenn Herr Josef viel einnahm, spendierte er dem Bettler ein Stück Pizza, weil dieser oft gar nichts bekam.

Meist stand eine kleine Gruppe Menschen um den Herrn Josef und hörte seiner Drehorgelmusik zu. Die Passanten, die vorüber eilten, kehrten oft um und suchten in ihren Taschen nach ein paar Euro.

Wenn Herr Josef Pause machte, zog er seine Drehorgel zu einer Dönerbude und kaufte sich eine Mahlzeit, meistens reichte es sogar für zwei Mahlzeiten am Tag. Am Abend zog er dann mit seinem Leierkasten zum Armenhaus, da konnte er für zwei Euro übernachten. Das gelang Herrn Josef mehrere Jahre lang, er sparte, und zu Weihnachten gönnte er sich ein Festessen. Doch dann kam die Zeit der Wirtschaftskrise, die Euros blieben aus

Herr Josef spielte bis in die Nacht. Dann kam der Winter, im Schnee stand der Herr Josef mit seiner Drehorgel und seinem Zylinder. Er hatte mehrere Tage nichts mehr eingenommen. Er fror. In seiner Erschöpfung setzte er sich unter die Arkaden neben seine Drehorgel. Die Nacht war bitter kalt, um ihn war es dunkel.

Sein Körper wurde steif. Da sah er auf einmal ein herrliches strahlendes Licht um sich und er fühlte, wie er auf einer riesigen Wiese stand, alles war voll von herrlich blühenden Blumen. In der Ferne hörte er ewige Musik. Er sah König David ihm zunicken und die Leier für ihn spielen. Er hörte zarte Stimmen, Engelsgesang. Er stand auf und schritt auf ein immer heller werdendes Licht zu.

Als er mitten im Licht stand wurde es ihm immer wärmer, es duftete nach Rosen, er kostete den Duft, die Wärme und das Licht. Am Morgen fand ihn der Straßenkehrer tot auf, Herr Josef war erfroren.

Von Anne Höver sind bei BoD noch erhältlich die Titel „Salomon singt", „Mandelzweig und Eisvogel", „Karols unendliche Reise" und „Licht im Licht".